LETTRE

D'UN ÉLECTEUR

DU CHER

Aux autres Electeurs.

BOURGES, IMPRIMERIE DE Mme Ve SOUCHOIS ET Ce

LETTRE

D'UN ÉLECTEUR

DU CHER

AUX AUTRES ÉLECTEURS.

———————

MESSIEURS,

VOICI bientôt trois ans que nous fûmes appelés à nommer de nouveaux deputés. Vous n'avez point oublié quelle était la situation de la France. Un ministère existait qui, depuis six ans, violait nos droits et gaspillait notre argent. La loi du sacrilége, la loi de la presse, la loi d'aînesse, montraient d'ailleurs assez où il voulait en venir. S'il eût duré plus long-temps, il nous conduisait à l'ancien régime par le jésuitisme. C'en était fait alors des libertés consacrées par la Charte, de l'égalité établie par la loi. Heureusement les électeurs se levèrent! Au lieu des candidats proposés par les préfets, ils élurent, en majorité, des hommes indépendans et fermes, et le ministère *dé-plorable* tomba. Le département du Cher eut une part brillante à ce grand événement.

Le ministère déplorable tombé, un autre le remplaça. Celui-ci peut-être manquait un peu de force et d'union ; mais il se composait d'hommes modérés, et qui désiraient le bien du pays. Par malheur le parti de l'ancien régime et du jésuitisme n'était pas encore vaincu. Le parti employa ses armes ordinaires, le mensonge et la calomnie. D'un côté, il chercha à séparer le Roi du ministère ; de l'autre, à diviser le ministère et la chambre. La première année ses efforts furent à peu près vains. Malgré lui une loi fut rendue pour prévenir les fraudes électorales, et une autre pour affranchir la presse. Quelques économies aussi furent faites, et de plus grandes préparées. Mais, en 1829, le parti réussit un peu mieux. Une loi allait être votée qui nous rendait le droit si important d'élire nos conseils municipaux et le conseil général de notre département. Le parti refusa de voter ; puis il effraya le ministère, et l'obligea de retirer la loi. En même temps, le parti s'opposa à toutes les économies que réclamaient nos députés ; il défendit tous les abus, soutint tous les priviléges. En attendant qu'il pût faire le mal, il avait, du moins, la consolation d'empêcher le bien.

Vous savez tous comme moi ce qui s'est passé depuis. Vous savez quel ministère vint le 8 août dernier épouvanter la France. C'était, s'il est possible, pire que le ministère déplorable, et tout le monde le sentit. Qui ne connaissait M. de Polignac, M. de Bourmont, M. de Labourdonnaye? Le parti qui les avait portés au pouvoir était, d'ailleurs, celui qui ne trouvait qu'un tort à M. de Villèle, le tort de n'aller ni assez vîte, ni assez loin ; c'était celui qui depuis deux ans combattait avec fureur le ministère Martignac, Hyde de Neuville et Roy; c'était celui qui détestait les économies, qui chérissait les priviléges, qui adorait les abus; c'était celui enfin qui, dans toutes les occasions, avait hautement témoigné de sa constante inimitié pour les institutions écrites dans la Charte.

A cette apparition si inattendue, la France entière s'émût, et les plus sinistres pensées l'agitèrent. Bientôt pourtant elle se calma. « Il y a des députés, se dit-
» elle, que tôt ou tard il faudra convoquer. Ces
» députés parleront : ils diront au Roi qu'on l'a
» trompé, et que le ministère Polignac ne saurait
» faire le bien du pays. Ils diront que sa seule pré-
» sence a réveillé toutes les méfiances, ranimé toutes
» les haines. Le Roi les écoutera, et le ministère Po-
» lignac tombera comme est tombé le ministère
» Villèle. »

Je vous le demande, messieurs, n'est-ce pas-là ce qui nous rassura tous après le 8 août? Si nous avions une crainte, c'était que la chambre ne se laissât amollir, c'était qu'elle ne parlât pas assez franchement, et que le Roi ignorât encore quel effet le ministère Polignac avait produit dans nos départemens. Après une longue attente, nos députés enfin se sont réunis, et leur langage a été tout ce que nous pouvions désirer. Mais le ministère a su persuader au Roi que les paroles de la chambre n'étaient pas la pensée de la France, et le Roi dissout la chambre pour s'éclairer. C'est à nous à dire maintenant qui des députés ou des ministres a raison.

Voilà, messieurs, la mission que nous avons à remplir aujourd'hui. Elle est, vous le voyez simple et facile. Quand nos députés ont dit que le ministère n'avait pas notre confiance, ont-ils dit vrai ou faux? s'ils ont dit vrai, nous devons les réélire; s'ils ont dit faux, les casser. Que chacun mette la main sur sa conscience et réponde.

Je ne crois pas, pour moi, que la réponse soit douteuse. Si elle l'était, nous mériterions toutes les injures que les journaux du ministère nous adressent chaque jour. A peu d'hommes près, nous sommes en effet les mêmes qu'en 1827. Irons-nous défaire ce que nous avons fait? remettre au pouvoir ceux que nous en avons renversés? Nous avouerions alors qu'à cette époque nous avons agi comme des fous; nous reconnaîtrions que nous avons eu tort de résister aux envahissemens du parti, et de ne pas nous prosterner à ses pieds! c'est une rétractation que l'on nous demande, c'est une amende honorable.

Au surplus un événement vient d'avoir lieu qui

doit décider les plus irrésolus. Il y avait dans le ministère du 8 août deux hommes modérés de caractère et que recommandaient quelques bons antécédens. MM. de Courvoisier et de Chabrol ont donné leur démission. Il y avait dans le ministère déplorable un homme plus impopulaire, plus détesté que tous les autres ensemble. M. de Peyronnet est ministre de l'intérieur. C'est M. de Peyronnet qui dirige maintenant l'administration tout entière, lui que deux départemens ont repoussé, qu'à deux reprises la chambre des députés a condamné! et, nous ne voterions pas contre M. de Peyronnet? et nous accepterions le candidat du ministre que notre grand collége lui-même, notre collége privilégié a refusé d'élire en 1827! d'où viendrait dans nos opinions un si honteux changement?

Ainsi point de doute. Les candidats du ministère ne nous sont pas connus encore. Mais quels qu'ils soient, nous les repousserons. En les nommant, c'est en effet M. de Polignac que nous nommerions, c'est M. de Bourmont, c'est M. de Peyronnet. Maintenant qui choisirons-nous? Dans tout autre moment nous pourrions hésiter. Outre nos députés actuels, plus d'un homme, en effet, dans notre département mériterait nos suffrages; mais de ceux qui les mériteraient, aucun, aux petits colléges du moins, ne se mettra sur les rangs; car tous sentent qu'il y a ici une bien autre question, qu'une question de personnes. Deux de nos députés, MM. Devaux et de Larochefoucauld ont voté l'adresse, c'est-à-dire, déclaré au Roi que le ministère n'a pas notre confiance. Il y aurait, à ne pas les réélire, ingratitude et mauvaise politique ; ingratitude, car nous les congédierions au moment où ils ont rempli un pénible devoir ; mauvaise politique, car en ne les réélisant pas, nous aurions l'air de blâmer leur conduite. Et remarquez qu'il en serait ainsi, quand bien même nous élirions à leur place des hommes de la même couleur. Avant que ces hommes eussent parlé à leur tour, le ministère qui veut rester ne manquerait pas en effet de se représenter au Roi comme vainqueur. 221 députés, dirait-il, s'étaient prononcés contre moi. Sur les 221, 180 ou 200 seulement ont été réélus. Donc la France n'était pas de l'avis des 221. Et pour en finir, il faudrait alors une nouvelle adresse, une nouvelle prorogation, une nouvelle dissolution. Renommons tous ceux qui ont voté l'adresse, nous n'aurons pas à recommencer.

Il n'y a donc que deux partis à prendre : voter pour le candidat du ministère, ou pour l'ancien député. Le ministère le sait ; aussi va-t-il chercher tous les moyens de nous diviser. Le Roi, nous dit-on déjà, désire que nous ne réélisions pas les 221 ; et dans ce moment se rédige une proclamation où l'adresse sera traitée d'insolente et de factieuse. C'est vraiment nous croire un peu niais. Le gouvernement représentatif n'est pas fort vieux en France ; mais il l'est assez pour que nous sachions que le Roi ne parle jamais que par la bouche des ministres. Quand donc on nous dit que le Roi ne désire pas que nous réélisions les 221, c'est comme si l'on nous disait que les ministres ne le désirent pas, chose facile à supposer, puisque, si les 221 sont réélus, les ministres tomberont. Chacun, d'ailleurs, doit rester à sa place. Le Roi nomme ses ministres, et nous ne lui en contestons pas le droit ; il nomme les préfets, les maires, les juges et jusqu'aux pairs de France : nous ne prétendons pas les nommer pour lui. Mais nous nommons, nous, nos députés, et devons les nommer comme il nous plaît. Si le Roi les nommait aussi, que serions-nous, et pourquoi des élections ? Au reste, c'est là précisément le régime que nos adversaires voudraient établir, et ils ne s'en cachent pas. Depuis deux mois les journaux du ministère nous disent tous les jours que le Roi est tout et que les électeurs ne sont rien. A les entendre, nous sommes trop peu éclairés pour juger d'affaires aussi graves ; et, si le ministère dure, son plus beau titre de gloire sera de nous destituer. C'est pour cela qu'on nous prie de ne pas réélire ceux qui s'y opposeraient.

Quant à l'adresse, nous l'avons tous lue et nous savons jusqu'à quel point elle était respectueuse et modérée. Pour la juger, au reste, il suffit de savoir quels en sont les auteurs. MM. Gautier et Lepelletier d'Aunay l'ont rédigée : M. Gautier, volontaire royaliste dans les cent jours ; M. Lepelletier d'Aunay, conseiller d'état sous le ministère Martignac. M. Royer-Collard l'a présentée, lui dont, quinze ans avant la restauration, la vie était un laborieux combat pour la famille des Bourbons ; MM. de Cambon, Delalot, Hyde de Neuville l'ont votée ; M. Hyde de Neuville que notre département a vu risquer dix fois sa tête pour la cause royaliste. A qui fera-t-on croire que M. Gautier soit un factieux, M. Royer-Collard, un ennemi des Bourbons, M. Hyde de Neuville, un révolutionnaire ? M. de Martignac aussi a voté l'adresse, du moins il le dit publiquement : M. de Martignac n'a jamais passé pour un exagéré libéral.

Tout cela est absurde, et ne saurait nous ébranler. Mais il est un moyen sur lequel on compte davantage ; « à quoi bon, nous dit-on tout bas, nous déranger pour aller à Bourges ou à St.-Amand ? les élections sont pour le 23 et le 24, c'est-à-dire à l'époque des foins, de la tonte, de la louée. Ces affaires-là vous importent bien plus que celles qui se traitent à Paris. »

D'abord je demanderai qui a fixé à la St.-Jean le jour des élections. Ce ne sont point nos députés, mais les ministres qui espéraient ainsi refroidir notre zèle. En vérité les ministres ont de nous une bien misérable opinion. Ils croient donc que pour le bien de notre pays, nous ne sommes pas capables de faire un petit sacrifice ; ils croient qu'en nous montrant un peu d'argent à gagner ils achèteront notre voix ou du moins notre neutralité ; ils croient que parce que nous ne touchons pas 120 mille francs par an sur le budget, nous ne tenons ni à nos droits, ni à notre patrie. Le ministère se trompe, et nous le lui prouverons. L'humiliation qu'il nous avait préparée retombera sur lui.

(9)

Au reste, ce n'est point un vil égoïsme seulement, c'est une profonde bêtise ; que dans ses méprisables calculs, le ministère nous suppose. Qui ne sait que notre premier intérêt est d'empêcher l'ancien régime de revenir, et de nouvelles révolutions d'éclater? Si l'ancien régime revenait avec les corvées, les seigneurs, les priviléges, nous y perdrions plus assurément qu'à négliger un peu nos affaires pendant deux ou trois jours. L'ancien régime d'ailleurs a amené une révolution, et en amenerait une seconde. Or, le parti qui veut nous gouverner regrette l'ancien régime de toutes ses forces, et songe à le rétablir par tous les moyens; en allant voter contre lui, nous défendons les biens et les avantages que nous avons acquis depuis quarante ans.

Mais, nous dit-on, les ministres ne veulent pas l'ancien régime..... que veulent-ils donc? M. de Peyronnet, aujourd'hui ministre, a proposé, il y a quatre ans, une loi qui renversait l'égalité de partages parmi nos enfans. Si M. de Peyronnet avait la majorité, il proposerait de nouveau cette loi, et elle passerait. M. de Peyronnet, aujourd'hui ministre, a proposé, il y a quatre ans, une loi qui détruisait la liberté de la presse, c'est-à-dire, qui nous retirait le plus puissant moyen de faire connaître nos griefs, et de combattre le despotisme. Si M. de Peyronnet avait la majorité, il proposerait de nouveau cette loi, et elle passerait. M. de Peyronnet, aujourd'hui ministre, a soutenu, l'an dernier, que nous ne devions nommer ni le conseil municipal de notre commune, ni le conseil général de notre département. Si M. de Peyronnet avait la majorité, il ne proposerait jamais les lois municipales et départementales, et nous verrions toujours faire nos affaires sans nous en mêler. En revanche, on changerait la loi de recrutement en ce qui touche l'avancement, de sorte que nos enfans pourraient bien être soldats, mais non officiers. On rendrait les registres de l'état-civil au clergé, de sorte que nous serions à la merci d'un mauvais curé. On rétablirait les corporations et maîtrises, de sorte que nous ne pourrions plus excercer librement notre industrie. Et qu'on ne dise pas que ces craintes sont chimériques. Toutes ces choses ont cent fois été demandées par les plus fortes têtes du parti.

Si ce n'est pas là l'ancien régime, ce n'est guères mieux. Et, je le répète, notre premier intérêt est de nous en garantir à tout prix. La chambre des députés, d'ailleurs, vote le budget, et le budget détermine combien nous avons chaque année d'impôts à payer. Or, qui l'an dernier a plaidé pour les abus de toute espèce, et combattu toutes les économies? MM. de Peyronnet, de Montbel, d'Haussez, et leurs amis. Il semblait à nos députés qu'un budget d'un milliard était bien lourd, et que, sans désorganiser les services publics, il était possible de l'alléger un peu. Ils trouvaient, par exemple, qu'un ministre peut, à la rigueur, se contenter de cent mille francs par an; que des cardinaux et des grands aumôniers n'en seraient pas de moins bons prêtres quand leur luxe serait un peu moins grand ; qu'il n'y a pas absolue nécessité de payer des soldats suisses deux fois plus que des soldats français ; et que des places où l'on n'a rien à faire sont une charge inutile pour l'état. Quelquefois nos députés ont été écoutés ; mais d'autres députés étaient là qui auraient volontiers doublé les sinécures et les gros traitemens. Or, ces sinécures, c'est notre argent qui les entretient ; c'est notre bourse qui fournit à ces gros traitemens. Le bel avantage quand nous aurons gagné vingt francs en restant chez nous, et qu'une chambre complaisante pour les ministres nous en prendra, dans six mois, quarante ou soixante ! Nous ne refusons certes pas de payer des impôts quand ils sont votés légalement. Mais du moins faut-il que ces impôts ne soient pas excessifs, et qu'on les emploie utilement. Songeons à la guerre d'Alger, à cette guerre qui, heureuse ou malheureuse, ne peut donner ni profit, ni gloire à la France. Elle a déjà coûté 80 millions, et en coûtera 150. Avec cette somme, toutes les routes de France eussent pu être bien réparées.

Nous irons donc aux élections ; nous irons, parce qu'il y va de notre honneur, de nos droits et de nos intérêts ; nous irons, parce que, selon que la chambre sera bien ou mal composée, nous serons libres ou esclaves, chargés d'impôts inutiles, ou sujets seulement aux taxes nécessaires. Puis, nous renommerons nos deux anciens députés ; nous les renommerons, parce qu'ils ont fait leur devoir ; nous les renommerons, parce que c'est notre seul moyen de manifester notre répugnance pour le ministère, notre aversion pour le parti qui le soutient. Et qu'on ne croie pas nous faire peur en nous disant qu'on se moquera de nos choix! Nous savons que ceux qui parlent sur ce ton ont plus de peur que nous.

En résumé, l'ancien régime et les intérêts nouveaux sont en présence : l'ancien régime représenté par le ministère, les intérêts nouveaux par nos 221 députés.

Nos députés ont dit au Roi que la France ne voulait pas du ministère, c'est-à-dire, de l'ancien régime. Le Roi, avant de prendre un parti, a voulu savoir ce que la France en pensait réellement.

La question que nous avons à décider est donc uniquement celle-ci : Quand nos députés ont dit que la France ne voulait pas du ministère, c'est-à-dire, de l'ancien régime, ont-ils ou non exprimé notre opinion?

De notre réponse à cette question dépend notre choix. Si nous voulons du ministère, c'est-à-dire, de l'ancien régime, nous ne devons pas réélire les députés qui ont voté l'adresse. Nous devons les réélire, et ne réélire qu'eux, si nous ne voulons ni de l'ancien régime, ni du ministère.

Dans le premier cas, le ministère restera, et l'ancien régime ou quelque chose d'approchant viendra bientôt à sa suite.

Dans le second, le ministère tombera, et les intérêts nouveaux triompheront.

Encore une fois, que désirons-nous? l'égalité ou
l'inégalité devant la loi? la liberté d'industrie ou les
corporations? la liberté religieuse ou les jésuites? la
liberté individuelle ou des cours prévôtales? la liberté
de la presse ou la censure? des conseils municipaux
que nous élisions, ou des conseils municipaux choisis
par le préfet? un budget qui diminue ou un budget
qui augmente? en un mot, l'ancien régime ou les intérêts nouveaux, un gouvernement où nous soyons
quelque chose, ou un gouvernement où nous ne
soyons rien?

Nous sommes maîtres de choisir.

Des bords de la Loire, ce 5 juin 1830.

P. S. On croyait que la liste des présidens et la proclamation annoncée paraîtraient aujourd'hui; mais
M. de Peyronnet, chargé de choisir les présidens et
de rédiger la proclamation, n'est pas encore prêt. Son
Excellence, dit-on, hésite sur le ton qu'elle doit
prendre avec nous. Sera-t-elle violente ou modérée,
menaçante ou doucereuse? La violence serait plus de
son goût; mais à la veille d'une élection, la modéra-
tion a son prix. Quelque parti que prenne M. de Peyronnet, il n'est pas, au reste, probable que dans le
département du Cher son éloquence ait beaucoup de
succès. Ses menaces ne nous effraieront pas, et nous
savons que penser de sa douceur.

www.ingramcontent.com/pod-product-compliance
Lightning Source LLC
LaVergne TN
LVHW050238060726
842525LV00007B/2720